AF599361

MILAGROS SALVADOR

CANTIÑAS *de* CAMINANTE

© Obra: CANTIÑAS DE CAMINANTE

Primera edición: Noviembre, 2025

© Autor: Milagros Salvador

ISBN: 979-13-88066-11-5
Depósito Legal: M-25479-2025

Imagen de portada S. Bracho.

© Editado por LIBER FACTORY www.liberfactory.com

Gestión, promoción y distribución: Límbica Ediciones S.L.
C./ Puentelarra, 68, 2º A, 28031 Madrid. España.
Tlf: 0034 91 3117696 // Email: pedidos@limbicaediciones.es
www.visionnet-libros.com

Disponible en las principales librerías.

Las opiniones expresadas en este trabajo son exclusivas del autor. No reflejan necesariamente las opiniones del editor, que queda eximido de cualquier responsabilidad derivada de las mismas.

Caminante, no hay camino,
se hace camino al andar.

Antonio Machado

CANTIÑAS DE CAMINANTE

Cantiñas de caminante
de alegría y de dolor,
son lo mismo que la vida
para seguir adelante.

***

Siempre es la palabra amor
la mejor del diccionario,
eso dicen los que hacen
el camino en solitario.

***

Hay caminos de rosas
y hay caminos de espinas,
eso lo aprenden muy pronto
los que caminan.

Yo voy haciendo camino
y el camino me hace a mí,
unidos por el destino
al que llamamos vivir.

***

Cantiñas de soledad
que todo queda perdido
cuando el amor no se da.

***

Con los más dorados brichos
que los otoños regala
a las resignadas hojas,
el camino se engalana.

El sentimiento es un niño
que nos pide de comer,
y después de haber comido
nos dice que tiene sed.

***

No importa que el camino cante
una aleluya o un réquiem
que detrás de noche y día
está esperando la muerte.

***

Es un camino muy largo
el camino de la vida,
aunque nos parezca corto,
aquí rige otra medida.

Algún recuerdo antiguo
nos inspira una canción
es la memoria que late
muy cerca del corazón.

***

A pesar de ser hermosa,
la esperanza está envidiosa
del color del perejil
cuando florece en abril.

***

Para todos hay camino,
es la norma existencial,
unos lo terminan bien
y otros lo terminan mal.

Yo camino con mi canto,
la música me acompaña,
algunas tristes de ayer
alegres serán mañana.

***

Como un destrón acompañan
la luz del sol y la luna,
y también dulces ayeres
que alimentan mi fortuna.

***

En las noches cuando miro
tu antigua fotografía,
son tus besos de papel
y la penita muy mía.

El camino de la vida
es un difícil camino,
pues siempre está amenazando
con sus fauces, el destino.

***

Nadie que espera sabrá
que el tiempo es un alquimista
de mentira y de verdad.

***

Hay caminos en la tierra
y caminos en el mar,
los unos ya recorridos,
los otros por encontrar.

Si quiere entender las cosas,
cuántas veces la razón
tiene que pedir ayuda
sin pudor, al corazón.

***

Una noche te encontré
y el cielo resplandeció.
entonces pedí al destino
que nos uniera a los dos.

***

Aves del cielo se cruzan
mientras estoy caminando,
revolotean y vuelven,
seguro que están jugando.

Mi soledad me dice
que no estoy sola,
que ella me acompaña
todas las horas.

***

Como si fueran redrojos
voy dejando pensamientos
a lo largo del camino
a la caricia del viento.

***

Nadie me estará esperando
al final de la jornada,
solos mi caballo y yo,
en noche de luna clara.

Ángel de la primavera
pájaro de luz, verano,
y otoño en el corazón,
que no me cubra el invierno,
que no me falte tu voz.

***

El camino más largo
que el hombre cruzar espera
es el de alcanzar el cielo
desde la tierra.

***

La salud es lo primero,
el amor viene después.
pero todos aprendimos
que no se puede escoger.

La justicia se hace ley,
cuando el pueblo soberano
quiere que iguales seamos
desde el zagal hasta el Rey.

***

Caminar y caminar,
y caminar noche y día,
el horizonte se aleja...
cosas de filosofía.

***

La humildad y la paciencia
son las dos asignaturas
que el sabio debe aprobar
si se dedica a la ciencia.

Solas la luna y yo,
y tu recuerdo clavado
a fuego en el corazón.

***

Yo soy mi propio camino,
y entre mis huellas descansa
algún recuerdo dormido
entre amor y entre nostalgia.

***

Si nacemos de una madre,
es difícil de entender
por qué tantísimos hombres
denigran a la mujer.

Aunque tenga voluntad,
nadie puede recorrer,
si no se trata de un sueño,
dos caminos a la vez.

***

Llevo todo preparado
pues es muy largo el camino,
la sombrilla para el sol
y la manta para el frío.

***

Nubes violeta coronan
el atardecer del día,
eran blancas en el alba
regalando su alegría.

Nos encontramos un día
y el tiempo nos separó,
el tiempo vendrá a juntarnos
por mandato del amor.

***

Hay un paso muy pequeño
de la alegría al amor,
de la simiente hasta el fruto,
de la sorpresa al amor.

***

Hacia el alba miran
mis cansados ojos,
mas todo lo que vieron
no sirve para otros.

Que no hay en el mundo pena
grande como el desamor,
eso dice la experiencia,
y también lo digo yo.

***

Por los caminos del tiempo
nos perdemos los humanos,
pero en la etapa final
por la que todos pasamos,
está esperando la muerte
con la guadaña en las manos.

***

Bienvenido se llamaba
y no fue bien recibido;
el nombre no dice nada.

Tu ausencia me fue dejando
su huella en mi corazón,
y un camino solitario
donde ya no oigo tu voz.

***

La belleza suele ser
por donde el amor empieza,
pero a veces es torpeza,
porque no nos deja ver.

***

Dicen que amor y fortuna
bajan del cielo.
lo mío quedó en la luna
o colgado de un lucero.

Caminos y más caminos
nos quedan por caminar,
años o meses no importa,
que lo que importa es llegar.

***

Día y noche van pasando
en mi tiempo concedido,
y así yo lo voy cantando
para sentirlo más mío.

***

El que crea que el dinero
nos da la felicidad,
que vaya en su busca pronto,
que pronto se cansará.

Con tu amor y sin tu amor,
estas penitas del alma
las estoy viviendo yo.

***

Que existe lucha de clases
nos lo dijo Carlos Marx,
el ignorante entendió
max o menos, digo yo.

***

Que todos somos hermanos
nos lo dijo un día Dios.
¡Pues vaya forma de amarnos!

En el camino se cruza
algunas veces un río,
el agua entre dos orillas
también sigue su camino.

***

Hay caminantes que pasan
sin fama ni gloria alguna,
pues no dio la vuelta entera
la rueda de la fortuna.

***

En la noche hay un lucero,
un testigo que me mira
y entre tanta soledad
es mi mejor compañía.

Porque lo urgente es el fruto
y lo importante es la flor.
No sé si se entiende mucho.

***

La soberbia es majestad
de pecados capitales,
los pequeños son los siervos
del alma de los mortales.

***

Nadie sabe si contarnos
la verdad o la mentira,
que casi todos guardamos
un secreto en nuestra vida.

Dicen que el amor no existe,
¿entonces que siento yo?,
que venga Dios y lo vea
y lo diga en alta voz.

***

Me encontré con la muerte un día
en la curva del camino,
nos miramos frente a frente,
y ninguna de las dos nos detuvimos.

***

Tiene soledad el cuerpo,
lleva soledad el alma,
y andamos con el deseo
que ilumina la esperanza.

Cuando quise no quisiste,
cosas son del corazón,
y ahora tú quieres quererme
cuando ya no quiero yo.

***

En tablas puedes quedar
si juegas al ajedrez,
con la vida siempre pierdes,
sólo se juega una vez.

***

Me lo dijo un sabio un día:
"que la fecha de la muerte
es maldita profecía".

Hay caminos de invierno
y hay caminos de verano,
caminos desconocidos
que aprendemos con los años.

***

El silencio de la noche,
las estrellas en el cielo
y el ritmo del corazón
que se une a mi deseo.

***

Pensé que no me querías,
tu silencio me engañó,
el complejo que tenías
porque eras mayor que yo.

A la vida yo le pido
que aunque pasen muchos años
siempre te quedes conmigo.

***

Los besos que no te di
te los debo todavía,
pero esta tarde he saldado
la deuda que yo tenía.

***

El alma tiene secretos
que sólo los sabe Dios,
pero yo guardo escondido
el que sabemos tu y yo.

La primera luz del sol
me ilumina la mañana
y adorna mi caminar
entre las ramas doradas.

***

A veces sigo mis pasos
y me acompaña algún trino,
y me llega claro el canto
desde el más cercano nido.

***

Caminos viejos del vicio,
y caminos de virtud,
los que ya anduvieron otros
y los que descubres tú.

Una rosa se ha perdido
dentro de tu corazón,
una rosa que guardaba
el secreto de tu amor.

***

Una lechuza me mira
entre dos árboles viejos
y observa mi caminar
con su mirada de acero.

***

Caminante solitario
se hace muy largo el camino,
porque quedan muchas leguas
para llegar al destino.

Es el camino más triste
el camino del olvido,
y el que no lo crea así,
es que nunca lo ha sentido.

***

Que el horizonte se aleja
en cada paso que damos
ésa es una gran verdad
aunque no reconozcamos.

***

Y es también una lección
que aprendimos de oriente,
de mantener la ilusión
en el corazón latente.

Se ha caído las hojas
de la mano del viento,
como un invisible adiós
que inevitable llega
a la cita del tiempo.

***

El camino nos enseña
a creer en la esperanza,
y con voluntad y amor
el final pronto se alcanza.

***

Todo en la vida se paga
de mil maneras,
aunque haya deudas distintas
o en diferentes monedas.

Hay caminos en el cielo
y caminos en la mar,
y caminos de ilusiones
y también de realidad.

***

En el camino es a veces
muy triste su caminar,
mas la ilusión acompaña
desde el principio al final.

***

Y seguimos nuestros pasos
entre la noche y el día,
momentos de nuestros miedos,
y otras horas de alegría.

No quieres que la tristeza
dirija tu caminar,
es mala tenerla cerca
si nos quiere acompañar.

***

Desde la vida a la muerte
recorre nuestra esperanza
el camino verdadero
que la voluntad alcanza.

***

Aromas de soledad
nuestros pasos van siguiendo,
poco a poco, poco a poco,
y así vamos aprendiendo.

No hay retorno en el camino,
para bien o para mal.
y saber desde el principio
que esa es una gran verdad.

***

No le confíes a nadie
un gran secreto,
que para andar por la vida
hay que ser el más discreto.

***

Un camino nos espera
al inicio de la vida,
unos van cuesta abajo
y otros van cuesta arriba.

No hay que perder la ilusión
aunque sea largo el camino
porque a veces el destino
obedece al corazón.

***

El camino tiene penas
y también tiene alegrías,
y también muchas preguntas
y mucha sabiduría.

***

El amor se apareció
Igual que una profecía
y la luna se alegró
en las noches de mi vida.

Por los caminos del verso,
ando y ando cada día,
tristeza o felicidad,
reflejo en mi poesía.

***

No temas nunca la muerte,
pues sólo es cuestión de tiempo,
"nacemos para morir"
éste es el gran pensamiento.

***

Los árboles del camino
me ven pasar y pasar,
ellos se quedan, yo sigo,
nací para caminar.